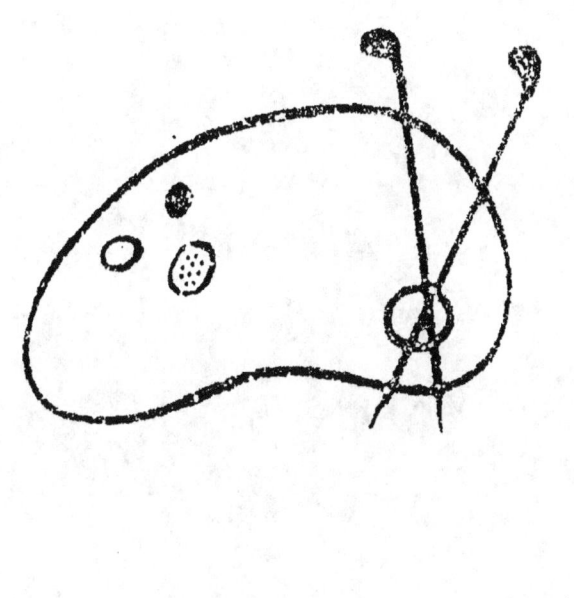

Couvertures supérieure et inférieure en couleur

COUVERTURES SUPERIEURE ET INFERIEURE D'IMPRIMEUR.

Case

LA

CHASSE A L'OPOSSUM

POITIERS. — TYPOGRAPHIE OUDIN.

EN AUSTRALIE

LA
CHASSE A L'OPOSSUM

PAR

Oscar WILD

PARIS

H. LECÈNE ET H. OUDIN

17, RUE BONAPARTE, 17

LA
CHASSE A L'OPOSSUM

GRANDE fut ma surprise, un matin en me réveillant, d'entendre les chevaux piaffer sous mes fenêtres ; j'allais m'enquérir de la cause de ces préparatifs inusités, quand ma porte s'ouvrit et livra passage à mon ami Robert, équipé pour la chasse.

— Allons, paresseux! me dit-il en riant ; dépêchons, il est temps de partir.

— Partir ?... où allons-nous donc ?

— Faire une tournée de chasse dans l'ouest.

Cinq minutes plus tard, j'étais dans la cour. Deux *bushmen* tenaient en main quatre chevaux sellés : de rudes hommes, ces serviteurs de Robert ; des gaillards à figure rébarbative, ornée de longues barbes incultes, coiffés de vieux feutres déformés, vêtus d'une grosse chemise de laine rouge, de culottes de toile et de grandes bottes de cuir fauve. Pour compléter le costume, chacun d'eux portait à la ceinture un gros révolver, un couteau de chasse, et, en bandoulière, une lourde carabine.

Quelques minutes plus tard, nous galopions dans la plaine, suivis d'une légère voiture appelée *buggy*, conduite par un cuisinier nègre, et contenant les provisions. Devant nous gambadaient Néro et Trim, deux braques dressés spécialement à la chasse de l'opossum.

Ceci, cher lecteur, se passait en Australie, il y a maintenant cinq ans.

Les hasards de ma vie aventureuse

m'avaient conduit à Sidney, capitale de la Nouvelle-Galles du Sud ; j'allais quitter cette ville pour me rendre à Melbourne quand, la veille de mon départ, je rencontrai Robert, un ami d'enfance que je n'avais pas vu depuis notre sortie du collège.

— Je t'emmène, me dit-il après m'avoir donné une vigoureuse accolade.

— Où cela ?

— Chez moi, à Robertville, sur les bords du Macquarie.

Je me laissai facilement entraîner, et, huit jours plus tard, j'étais installé dans la demeure de mon ami.

Robert, qui avait perdu ses parents

très jeune, était venu chercher fortune en Australie ; il s'était livré à l'élève du bétail, modestement d'abord, mais chaque année augmentant le nombre de ses troupeaux et l'étendue de ses pâturages. Maintenant, soixante bushmen gardaient dans des plaines immenses ses innombrables troupeaux de bœufs et de moutons ; Robert était devenu un des plus riches éleveurs de la contrée.

Sa maison, une coquette demeure entourée de logements plus petits pour ses serviteurs, s'élevait non loin de la rivière, dans un bouquet d'eucalyptus et de fougères arborescentes.

J'y étais depuis quinze jours et je songeais au départ, quand la partie de chasse organisée par mon ami vint déranger tous mes projets.

Cependant, nous galopions toujours dans un plaine magnifique, où l'herbe poussait haute et drue; de temps à autre, nous apercevions un troupeau de moutons gardés par un bushman à cheval; il accourait bride abattue pour saluer le maître, et lui donner des nouvelles des bêtes.

A midi, nous fîmes halte dans une ferme appartenant à un Irlandais, M. O'Ryan, qui vivait là avec Mme O'Ryan, son épouse, et une douzaine de bambins plus frais, plus roses et plus blonds les uns que les autres.

Après un repas copieux et une heure

de repos, nous reprenions notre course à travers une contrée fertile et boisée, mais absolument déserte.

— Nous ne verrons plus de maisons avant le retour, m'avait dit Robert en quittant la ferme de O'Ryan ; c'est le dernier établissement dans cette direction.

En revanche, le pays devenait plus accidenté ; çà et là, des rochers se dressaient dans les touffes de mimosas et les hautes fougères ; la plaine suivait un plan incliné, maintenant très sensible, et une ligne sombre de montagnes s'élevait devant nous, coupant l'horizon.

A cinq heures, nous étions au pied de ces collines, que les Australiens appellent *Ranges*, et nous nous arrêtions définitivement en face de hauts rochers, que recouvrait une végétation vigoureuse.

Un des bushmen, envoyé en éclaireur, alla visiter une anfractuosité de la roche, qui, du point où nous étions, semblait l'entrée d'une grotte ; mon ami voulait que nous installions là notre campement.

De loin, sur nos chevaux, nous voyions l'homme s'avancer avec précaution ; tout à coup, il s'arrêta et considéra longuement un objet placé à ses pieds.

Après un instant, il revint à nous.

— Eh bien ? demanda Robert.

— Pas moyen de camper là, répondit le bushman ; c'est un vrai charnier ;

L'homme s'avança avec précaution...

il y a de nombreux ossements, et entre autres un grand squelette....

— Quelque kanguroo blessé par un chasseur maladroit, qui sera venu mourir dans cette caverne, interrompit l'autre bushman. Campons dans le bois, Monsieur, cela vaudra mieux.

Et rentrant sous bois, nous gagnâmes une clairière, qui fut choisie à l'unanimité pour y établir notre camp.

Les bushmen débarrassèrent les chevaux de leurs selles, les entravèrent en leur attachant un pied de derrière au pied de devant du même côté, afin de leur permettre de marcher sans cependant pouvoir s'éloigner ; Tom, le nègre, commença les apprêts du repas.

Après le dîner, Robert et moi, étendus sur une couverture au pied d'un grand eucalyptus, fumions tranquillement en parlant de la France, de nos amis communs; et, ma foi, en nous rappelant nos jeunes années et ceux que nous avions connus et aimés, nous n'étions pas loin de nous attendrir ; je jugeai utile de donner un autre tour à la conversation.

— Me diras-tu maintenant, Robert, quel genre de gibier nous venons chasser dans ces solitudes ?

— Oui, mon ami, j'ai voulu te procurer le plaisir d'une chasse à l'opossum.

— Maigre proie, si j'en crois ce que j'ai lu dans les livres d'histoire naturelle

— On chasse ce que l'on peut, mon cher.

— Il est certain qu'en fait de gibier, l'Australie laisse à désirer.

— Tu as raison, et il faut avouer, reprit Robert en riant, que c'est un singulier pays que l'Australie, cette grande île aussi vaste qu'un continent, placée aux antipodes de l'Europe et qui simule en bien des points un monde renversé. Quand je pénétrai pour la première fois dans l'intérieur, que je visitai les régions qui forment la limite de cette province, je restai positivement ébahi devant ces arbres géants dont les cimes touffues ne donnent pas d'ombre, parce que leurs feuilles sont verticales;

devant ces fougères énormes qui forment de véritables bois. Mais c'est surtout la faune de cette contrée qui renversa toutes mes notions d'histoire naturelle.

Figure-toi, dans les plaines, des bandes de kanguroos qui procèdent par bonds au lieu de courir et emportent leurs petits dans une poche ; des autruches, qu'ils nomment ici *ému*, couvertes de poils, au lieu de porter des plumes comme leurs congénères d'Afrique ; sur le bord des rivières et des lacs, des mammifères amphibies, avec un corps de loutre et un bec de canard ; c'est l'*ornithorinque*. Dans les forêts, des perroquets gros comme des serins, criards et bavards, et sur les arbres, des quadrupèdes, des opossums.

— Ceux-là même que nous allons chasser, et qui sont le seul gibier de l'Australie.

— Oui, mon cher, l'Australie pousse l'originalité jusqu'à ne pas avoir de gibier. Pas de perdrix dont le vol bruyant et rapide émeuve chiens et chasseurs ; point de cailles partant lourdement sous les pieds et s'offrant dix fois aux coups du tireur maladroit ; point de lièvre trottinant dans la plaine, le matin, quand la rosée met un diamant à chaque brin d'herbe ; rien de tout cela.

Des fauves ; où vivraient-ils ? Les

plaines immenses, sauvages et désolées qui devraient leur servir de repaires se dessèchent après la saison des pluies; l'herbe brûlée et rabougrie n'offre plus aux animaux aucune nourriture. Les herbivores meurent de faim et de soif, les carnivores n'auraient pas leur raison d'être.

— Mais on chasse le kanguroo et l'ému ?

— Oui, quoique leur nombre ait bien diminué, les riches colons anglais les chassent à courre, avec meutes et piqueurs; ils retrouvent dans cette poursuite quelques-unes des émotions des grandes chasses d'Europe; mais le seul gibier que tout le monde chasse, c'est l'opossum.

Pour nous, c'est un passe-temps agréable ; pour le bushman, c'est une industrie, il vend la peau de l'animal, souvent fort cher : un petit tapis fait avec la dépouille d'un opossum de Tasmanie vaut de deux cents à deux cent cinquante francs. Les *settlers*, eux, le détruisent pour protéger leurs vergers et leurs potagers, car ce rongeur y fait des ravages considérables ; il est très friand des fruits et des légumes. Les indigènes le chassent par nécessité : sa chair est un régal pour ces faméliques.

— Et malgré cette guerre, on en trouve encore ?

— Oui, mon ami, ils sont très nombreux, se reproduisent en quantités et s'éloignent peu des régions habitées.

— Mais quel genre d'animal est-ce ? quelle est sa couleur ?

— Il y en a de plusieurs espèces, qui diffèrent entre elles par la taille, et surtout par le pelage : en Tasmanie, ils sont bruns; dans le Queensland, grisâtres ; ici, ils ont une teinte fauve, avec le dessous du ventre gris clair.

Cependant, la nuit était venue; le disque brillant de la lune s'élevait à l'horizon, et le bois où nous étions campés était plongé dans un délicieux silence.

Robert, secouant les cendres de sa pipe, se leva.

— Allons, en chasse, voici l'heure.

— Comment, en chasse ? C'est donc la nuit ?......

— Certainement ; l'opossum est un noctambule, il ne sort de sa retraite que le soir ; toute la journée, il dort et se repose de ses pérégrinations de la nuit.

Robert siffla les chiens, donna ordre à un des bushmen de rester avec le nègre à la garde du bivouac, et, accompagnés de l'autre homme, nous partîmes sous bois. Devant nous, Néro et Trim quêtaient au pied des grands arbres, flairant le sol et promenant leur museau noir sur l'écorce lisse des eucalyptus.

— Tu sais, me dit Robert, qu'on ne

tire l'opossum qu'à balle, pour endommager la peau le moins possible. Maintenant, silence, suivons les chiens.

Depuis un instant, Trim et Néro quêtaient avec plus d'ardeur. Néro, surtout, montrait des signes évidents de satisfaction, à en juger du moins par la façon violente dont il agitait la queue ; après avoir plusieurs fois contourné un gros tronc, lisse et uni jusqu'à plus de quinze mètres du sol, où une grosse branche formait la fourche, il s'arrêta résolument, le nez en l'air, les oreilles ramenées en avant, immobile ; ses yeux, qui brillaient dans l'ombre comme des escarboucles, étaient fixés sur la maîtresse branche. D'un doigt, Robert m'indiquait un point fort confus, et me faisait signe de tirer.

— Je ne vois rien, murmurai-je.

— Là, me dit-il.

Et il me montrait toujours la fourche de l'arbre.

Impatienté sans doute par mon peu de perspicacité, il haussa dédaigneusement les épaules, et, ajustant l'endroit qu'il m'avait désigné, fit feu.

Un animal de la taille d'un gros lièvre tomba au pied de l'arbre ; il n'était pas tout à fait mort et s'agitait violemment sur le sol ; Néro s'approcha, mais il se tint à distance respectueuse ; moi, je me précipitai pour ramasser la victime.

Robert me retint.

— N'y touche pas, cria-t-il; tu te ferais couper la main; l'opossum a des dents terribles. Vois, Néro n'ose le prendre.

Enfin, la pauvre bête rendit le dernier soupir, et Robert la remit aux mains du bushman, puis nous continuâmes notre chasse.

J'avoue que j'étais un peu confus de ma maladresse. Tout en avançant sous bois, je me promettais d'y voir plus clair une autre fois. Dès que je voyais Trim ou Néro s'arrêter au pied d'un arbre, j'écarquillais les yeux et j'avais si grande envie d'apercevoir un opossum

... Visant à l'endroit qu'il m'avait désigné...

blotti sur une branche, que, la fatigue et le désir aidant, j'en voyais maintenant où il n'y en avait point.

Tout absorbé dans mes recherches, je marchais lentement, et mes deux compagnons m'eurent bien vite dépassé; les chiens, qui sans doute me jugeaient un trop piètre chasseur pour rester à mon service, avaient suivi Robert et le bushman, et je continuais d'avancer le nez en l'air.

Enfin, il me sembla bien distinguer quelque chose se mouvant à l'extrémité d'une branche qui s'étendait perpendiculairement et allait rejoindre un vieil arbre mort, dont la cime était brisée; je regardai encore quelques instants, et, ma foi, à tout hasard, j'ajustai l'objet et je fis feu.

Rien ne tomba ; mais je ne vis pas fuir l'animal.

— Allons, me dis-je : je vois des opossums où il n'y en a pas.

Et j'allais m'éloigner quand il me sembla apercevoir un corps suspendu à cette même branche.

J'appelai Robert, et lui contai ma surprise. Il me regarda en riant.

— Mais tu l'as tué, me dit-il ; seulement, il n'est pas tombé ; il a pu s'accrocher au rameau par la queue prenante dont la nature l'a doué, comme certains singes, et il est là pour longtemps.

Un instant, je pensai que Robert se moquait de moi ; mais il fallut bien me rendre à l'évidence : un rayon de lune éclairait maintenant en plein la place où nous étions, et je distinguais parfaitement ma victime suspendue par la queue, la tête en bas.

Robert riait de mon air déconfit.

— Allons, mon bon, ne te désole pas, nous l'aurons, ton opossum.

Il appela le bushman.

— Dick, venez tirer mon ami d'embarras.

— Il y a deux moyens, répondit le bushman après avoir mesuré de l'œil la hauteur et la grosseur de l'arbre : grimper...

— Vous n'y songez pas, mon brave! dis-je à cet homme; grimper après ce tronc lisse que cinq personnes pourraient à peine embrasser!

Dick me regarda.

— Oui bien! Monsieur, grimper à cet arbre; mais ce serait long, et nous avons un moyen plus simple.

— Et lequel?

— Couper la queue de la bête avec une balle.

— Eh bien! essayez, Dick, reprit Robert.... C'est un fin tireur, ajouta mon ami en se tournant vers moi.

Le vieux bushman parut flatté de ce compliment; il se recula de quelques pas et ajusta lentement la bête; le coup partit, et Néro se précipita sur l'opossum qui venait de tomber.

— Pas plus difficile que cela, dit le bushman en rechargeant son fusil ; la queue est coupée au ras de la branche.

Je le félicitai chaudement, et, tout joyeux, j'examinai la proie qui avait failli m'échapper.

Quand nous rentrâmes au camp, il était une heure du matin ; nous rapportions sept opossums, dont deux tués par moi.

Mon premier soin, le lendemain en me réveillant, fut d'examiner notre chasse. Les opossums que j'avais là devant moi, étaient de la grosseur d'un fort lièvre ; le plus lourd pesait environ huit à dix livres. Le pelage était brun fauve et bien fourni ; le dessous du corps et l'intérieur des pattes, gris clair ; la queue, aussi longue que le reste du corps, était garnie, en dessus, de longs poils, en dessous, absolument nue ; c'est sans doute ce qui permet à l'opossum de s'en servir pour s'accrocher ou se soutenir ; les pattes, d'inégale grandeur, celles de devant un peu plus courtes que celles de derrière, étaient armées de griffes longues et acérées. La tête fine, le nez pointu, les yeux très grands et surmontés d'une tache brun clair qui chez les chiens s'appellent : feu. Cette particularité l'a fait nommer : *quatre*

œils, dans certaines contrées de l'Amérique du Sud, où il est très abondant.
En résumé, ce charmant petit animal

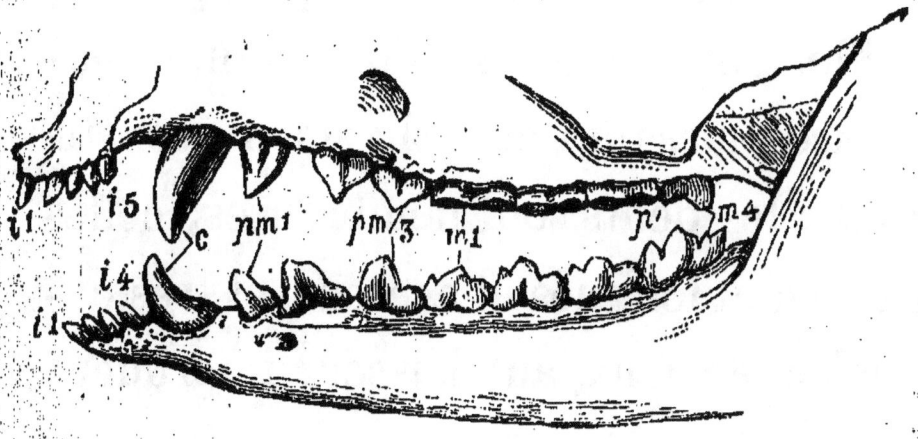

Mâchoire de l'opossum.

m'a bien paru faire partie de la famille des sarigues et kanguroos et, par conséquent, être un marsupiau.

J'en étais là de mes observations, quand Robert vient me rejoindre.

— Regarde un peu la mâchoire de

cette bête, me dit-ils et tu verra, si j'avais raison de te mettre en garde contre ses morsures.

Je remarquai, en effet, que, pour sa taille, l'opossum est doué d'une mâchoire puissante et solidement constituée : les dents sont nombreuses, celles de devant longues et acérées et très capables de faire au chasseur imprudent de cruelles blessures.

— Vois-tu, mon cher, cet animal est d'un naturel très doux ; mais il est comme beaucoup d'autres : quand on l'attaque il se défend ; blessé et acculé, il se sert des armes que la nature lui a données et joue consciencieusement des dents et des griffes ; quand ils le prennent vivant, les indigènes savent ce qui leur en cuit.

— Le prennent-ils vraiment vivant ?

— Quelquefois ; quand ils trouvent les traces d'une famille cachée dans un creux d'arbre, ils tâchent de s'en emparer, car, malgré son peu de saveur, la chair de l'opossum est considérée par les Australiens comme un mets délicat.

— Je serais véritablement curieux de voir cela.

— La chose n'est pas impossible ; je vais consulter mon vieux Dick, qui connaît admirablement le pays ; il pourra me dire si, à quelques heures de marche à l'ouest, nous avons la chance de rencontrer de vrais Australiens ; je sais qu'il y en a quelquefois dans cette contrée.

Dick venait de rentrer au camp; après nous avoir accompagnés, il était retourné continuer seul la chasse, qu'il avait trouvée trop courte et trop peu fructueuse.

A ce moment, assis sur un tronc d'eucalyptus renversé au centre de la clairière, son fusil entre ses jambes, quatre magnifiques opossums morts à ses pieds — sa chasse de la nuit — il mangeait *sous le pouce* un énorme morceau de pain et de lard. Son chapeau rejeté en arrière laissait voir sa tête rude et énergique; il était superbe ainsi, et montrait bien le type parfait du bushman et du *coureur des bois*. Je retins Robert,

Assis sur un tronc d'eucalyptus...

qui se dirigeait vers lui, et sortant mon carnet de ma poche, je pris le croquis du vieux Dick.

Quand j'eus terminé, Robert et moi, nous nous approchâmes de lui.

— Savez-vous, lui dit le maître, si, en marchant vers l'ouest, nous aurions chance de trouver une tribu ?

— Oui bien, Monsieur ; j'ai vu leurs feux ce matin en rentrant ; ils doivent être sur les bords de la crique qui porte mon nom.

— La petite rivière Dick ? mais, alors, il nous faut tourner un peu au sud.

— Oui bien, Monsieur, et s'ils n'ont pas déménagé ce matin sans tambours ni trompette, dans deux heures nous serons à leur campement.

— Déjeunons vite, alors, et à cheval.

Une heure après, accompagnés seulement du vieux bushman, nous nous mettions en route, Robert et moi, à la recherche des Australiens.

Nous avions à peine marché une heure sous bois, que Trim et Néro se lancèrent en avant, en donnant de la voix.

Robert les rappela aussitôt.

— Ce sont les sauvages ! murmura Dick en se soulevant sur ses étriers.

Il avait mis dans ce mot « sauvage » une telle intonation de profond mépris que je ne pus m'empêcher de le regarder.

— Dick n'a pas l'air d'aimer les sauvages, dis-je tout bas à Robert.

— Non, il a sur le cœur une certaine histoire de *boomérang* qui lui est arrivée avec eux, et dans laquelle son amour-propre de tireur a été soumis à une rude épreuve; je te conterai cela.

— De *boomérang*, dis-tu? mais cet instrument existe donc encore en Australie?

— Assurément, et c'est même la seule arme sérieuse que possèdent les indigènes ; tu pourras en juger tout à l'heure.

A ce moment, nous aperçûmes trois naturels arrêtés à quelques mètres de nous. Ils avaient l'aspect le plus misérable : presque nus, couverts seulement d'une sorte de manteau de peau de bête, que j'appris plus tard être une peau de kanguroo, les cheveux longs et cachant leur front, le bas de la figure couvert d'une barbe hirsute ; je me disais en regardant ces hommes malingres, aux membres grêles, au ventre proéminent, à l'air idiot et hébété, que le vieux Dick n'avait pas tout à fait tort en les qualifiant de sauvages. Chacun d'eux tenait à la main une longue lance, terminée à sa partie inférieure par deux petites branches formant la fourche ; à leur ceinture pendait un morceau de bois un peu recourbé.

Robert s'avança de quelques pas et fit signe aux indigènes d'approcher. Dick, qui avait longtemps vécu parmi eux et comprenait leur langage, consentit à nous servir d'interprète.

Il leur expliqua ce que nous attendions d'eux, et mon ami leur fit promettre que non seulement leur chasse serait leur propriété, mais qu'il y joindrait encore trois des opossums tués pendant la nuit.

La proposition fut acceptée avec enthousiasme ; et tout aussitôt les hommes se mirent en chasse ; nous les suivions à cheval pas à pas.

Tout à coup, un des indigènes s'arrête devant un eucalyptus de belle taille, regarde l'écorce avec une attention minutieuse, recule, mesure de l'œil la hauteur du tronc, et se met à danser comme un fou.

— Opossum! s'écrie-t-il enfin avec un accent guttural.

A cette exclamation, les deux autres s'approchent, examinent l'écorce à leur tour, et, sur le même ton, répètent le cri de leur camarade, puis l'un des deux se sauve à toute jambe dans la direction de sa tribu.

Le vieux Dick descend de cheval, et lui aussi, va examiner le tronc.

— Qui te prouve qu'il est là? demande-t-il à l'indigène.

Sans répondre, celui-ci lui montre

quelques grains de sable laissés dans l'empreinte des griffes.

— Mais où est-il? interrogeai-je à mon tour.

— Dans le tronc, répondit Robert.

— Et par où est-il entré ?

L'Australien auquel Dick traduit cette question, nous montre du doigt un gros trou rond de la largeur d'une assiette, situé à quarante pieds du sol.

Cependant, le second indigène n'est pas resté inactif; il a coupé de jeunes branches d'arbre, les a nouées, tressées et en a fait une sorte de liane qu'il passe autour du tronc, puis, saisissant sa hache, il entaille l'écorce à un mètre du sol. En quatre coups, il façonne une marche grossière, juste la place d'y poser l'orteil, l'escalade et s'y maintient au moyen de la liane, à laquelle il fait suivre le même mouvement ascensionnel, et fait une seconde entaille à un mètre au-dessus de la première ; il prend alors sa hache de la main gauche, se maintient avec la main droite et fabrique une troisième marche ; et ainsi de suite, en changeant de pied et de main, tant pour façonner son échelle que pour grimper au-dessus.

Cette manière d'escalader les géants australiens me parut fort ingénieuse, et j'avoue qu'après cette prouesse, les sauvages gagnèrent singulièrement dans mon estime.

Arrivé au niveau de l'orifice du trou, l'homme passa son bras par l'ouverture ; mais il ne put atteindre au fond de la cavité ; alors, collant sa bouche à la lucarne, il parla pendant un instant aux opossums, les conjurant sans doute de venir se faire prendre ; mais comme les animaux restèrent sourds à sa prière, il se hâta de redescendre.

Son compagnon a probablement deviné ses intentions, car il se mit en quête d'une pierre qu'il tend à l'homme, qui remonte aussitôt, tandis que celui qui est en bas applique son oreille contre l'arbre. Arrivé de nouveau au sommet, l'indigène laisse tomber la pierre, qui rend un son mat en arrivant au fond

2*

de la cavité de l'eucalyptus ; celui qui est à terre marque la place et, aidé de son compagnon qui redescend, tous deux attaquent l'arbre, un peu au-dessus, à coups de hache.

Cependant, le sauvage qui s'est sauvé au début de l'opération, revient suivi d'une vingtaine d'individus, hommes, femmes et enfants ; deux d'entre eux portent des tisons embrasés. Sans même faire attention à nous, ils rassemblent des branches sèches et allument un grand feu à quelques mètres de l'arbre qu'attaquent toujours les haches des deux chasseurs.

Après un travail d'une heure environ, l'écorce est percée et laisse voir un trou béant, suffisamment large pour y passer le bras. Un des indigènes plonge la main dans la cavité; des cris aigus se font entendre; les opossums, car ils sont là toute une famille, sont percés de coups de couteaux et l'un après l'autre, huit cadavres sont sortis du trou. A mesure qu'ils arrivent à terre, un indigène les saisit par la queue, les balance un instant et les envoie au milieu du brasier allumé par les femmes; après une cuisson sommaire, ils les retirent carbonisés et les mangent en les déchirant à belles dents; ce repas est écœurant à voir.

— Il me semble qu'en voilà assez, dis-je à Robert ; si nous partions !...

— Et le boomérang ! me répond-il.

Dick reprend alors son rôle d'interprète, et invite trois des hommes à nous suivre à notre camp pour recevoir les opossums promis, puis, escortés des indigènes, nous reprenons la direction du bivouac.

Chemin faisant, je demande à Robert l'histoire de Dick et du boomérang.

— Quand tu auras vu avec quelle adresse ces sauvages se servent de cet instrument.

Arrivé au camp, Robert donna les trois opossums, et en promit trois autres aux indigènes, s'ils voulaient nous donner un spécimen de leur habileté à manier cette arme; ils acceptèrent.

Nous partîmes donc à leur suite à la recherche d'un but quelconque.

Celui qui paraissait le plus vigoureux des trois sauvages avait à peine fait cent pas qu'il s'arrêta, et nous fit signe de l'imiter. Puis du doigt il nous montra une bande de ces gros perroquets, nommés cacatoès, qui voletaient au sommet d'un arbre haut de plus de quarante pieds. L'homme, prenant le morceau de bois passé à sa ceinture que j'avais déjà remarqué, s'avança doucement jusqu'à vingt mètres de l'arbre environ, lança son instrument, suivant une ligne horizontale, à deux pieds du sol. L'arme parcourut ainsi un espace de quinze à dix-huit mètres ; puis soudain, ayant touché la terre, elle se releva par un angle droit, monta jusqu'au sommet de l'arbre, abattit deux cacatoès et, décrivant une parabole, vint retomber aux pieds de l'homme.

J'avoue que mon premier mouvement fut de me frotter les yeux pour savoir si j'étais bien éveillé ; ensuite je ramassai le boomérang pour voir s'il ne contenait pas quelque mystérieux mécanisme chargé de régler sa marche ; mais rien.

Je n'avais dans les mains qu'un simple morceau de bois, dur et compact, quoique flexible, et légèrement courbé au milieu ; sa longueur était de *deux pieds cinq pouces* (65 centimètres), sa largeur de deux pouces (6 cent.), et son épaisseur de deux centimètres ; un des bouts est renflé et arrondi ; l'autre, au contraire, est tout à fait plat.

Afin de bien me rendre compte du mouvement du boomérang, je priai l'indigène de le lancer de nouveau, n'importe où, sans but.

L'homme saisit l'arme à pleine main par le gros bout, la partie convexe en dehors, puis, la faisant tourner au-dessus de sa tête, la lança de toute sa force devant lui.

Toutefois, au moment de la laisser

échapper, il lui imprima, avec le poignet, un mouvement rapide de rotation.

Le boomérang partit, et, comme la première fois, après avoir touché terre, remonta en ligne droite, avec une vitesse et une précision surnaturelles, et revint alors vers celui qui l'avait lancé.

Je voulus acheter un boomérang; mais les indigènes refusèrent absolument de m'en vendre.

Le soir, en attendant l'heure de faire une seconde nuit de chasse à l'opossum, où j'espérais être plus heureux que la première fois, Robert me raconta l'histoire de Dick.

— Ce brave garçon, me dit-il, avait

plusieurs fois vu les naturels se servir du boomérang ; mais il ne pouvait croire qu'avec ce morceau de bois, des « sauvages » fussent capables d'atteindre un but aussi bien que lui avec sa balle. Il les défia donc et fut toujours vaincu.

Un jour, cependant, un indigène lui dit que si lui, Dick, voulait aller se placer à dix mètres derrière lui, il lancerait le boomérang en avant, atteindrait un but déterminé, et qu'en revenant, il irait frapper Dick en pleine poitrine.

Mon vieux bushman rit beaucoup de la prétention du « sauvage » et accepta résolument sa proposition. Debout, à quelques pas en arrière, les bras croisés sur la poitrine, avec la tranquillité d'un homme sûr de son fait, il attendit... pas longtemps.

Le sauvage prit d'un coup d'œil ses mesures, lança son boomérang, et le morceau de bois, après avoir touché le but désigné, revint avec une telle vélocité, un tel bruit sinistre que mon pauvre Dick serait sorti de cette expérience fêlé de tous les côtés et la poitrine brisée, s'il ne se fût vivement et prudemment jeté le nez dans le gazon.

Il ne demanda pas son reste, mais jamais il n'a pardonné aux « sauvages » leur adresse au boomérang.

— Cet instrument possède une force prodigieuse.

— Oui, mon ami; quand il est lancé par une main habile, on est stupéfié par les effets foudroyants de ce simple morceau de bois qui, sous l'impulsion d'une force initiale minime, accélère de lui-même sa vélocité, brise comme verre la jambe d'un vigoureux cheval, jette son homme sur le carreau, ou, s'élevant perpendiculairement selon l'intention du chasseur, frappe d'estoc et de taille, de ricochet en ricochet, tout ce qui se trouve sur sa route.

— C'est véritablement étonnant, et je me demande par quel hasard, par quelle intuition, des sauvages d'un degré de civilisation infime ont pu découvrir un instrument à la fois si peu compliqué et d'une telle puissance d'action que toute la science moderne a peine à s'en rendre compte.

Cette nuit-là, la chasse fut plus belle encore que la première, et pour ma part je fus particulièrement favorisé; outre quatre opossums tombés sous mes balles, j'eus la chance d'être témoin d'une scène de famille qui m'eût à elle seule consolé de la bredouille, si tel avait été mon sort.

Selon mon habitude, je m'étais écarté de mes compagnons. Arrêté au pied d'un arbre à la tête brisée, au sommet duquel il me semblait voir remuer quelque chose, je distinguai bientôt toute une famille d'opossums qui quittait sa retraite sans doute pour aller en quête de son repas. La mère s'avançait doucement sur la branche, arrondissant sa queue au-dessus de son dos ; des quatre pattes, elle se cramponnait aux aspérités de l'écorce; tandis que ses petits, faisant à peu près le même mouvement, se cramponnaient à leur tour au dos de leur mère et s'accrochaient de leur queue, à la queue secourable qui leur était tendue.

La lune les éclairait en plein, et d'une balle j'aurais pu mettre fin à cette scène intime ; mais j'avoue que je ne m'en sentis pas le courage ; je fis taire mes instincts de chasseur et laissai cette mère et ses petits continuer tranquillement leur promenade.

Le lendemain, après nous être reposés de nos deux nuits de chasse, nous reprîmes le chemin de Robertville, où je restai encore quelques jours. Mais il fallut enfin se quitter : j'avais hâte, du reste, de revenir en France, et par un beau matin, je repris la route de Sidney, emportant de mon ami Robert, du vieux Dick, qui a voulu absolument me donner, préparée par lui, la peau d'opossum à la queue coupée par sa balle, le meilleur souvenir.

Depuis lors, j'ai fait bien des chasses, plus émouvantes et plus dangereuses que celle de l'Australie; mais, est-ce parce que je la faisais en compagnie d'un bon ami? je me rappelle toujours avec plaisir ma chasse à l'opossum.

FIN.

TABLE DES GRAVURES

	Pages.
Indigènes australiens	5
L'homme s'avança avec précaution	13
Visant l'endroit qu'il m'avait désigné	27
Mâchoire de l'opossum	35
Assis sur un tronc d'eucalyptus	39

POITIERS. — IMPRIMERIE OUDIN.

A P P O R T   12

BIBLIOTHÈQUE NATIONALE

CHÂTEAU
de
SABLÉ

1984

www.ingramcontent.com/pod-product-compliance
Lightning Source LLC
LaVergne TN
LVHW022114080426
835511LV00007B/822